LA
MÉDAILLE

des

ANCIENS COMBATTANTS

de

1870-1871

Par Jules MÉNARD

68, Faubourg d'Antrain, Rennes

1911

LA MÉDAILLE

des

ANCIENS COMBATTANTS

de

1870-1871

Par Jules MÉNARD

68, Faubourg d'Antrain, Rennes

1911

Rennes, le 2 Juillet 1911.

*A Monsieur Robert SURCOUF, Président de la société
des Combattants de 1870-71 d'Ille &-Vilaine.*

MONSIEUR LE PRÉSIDENT,

C'est avec un sentiment de légitime douleur. que je me
fais une obligation de ne pas participer à la fête patriotique qui, sous vos auspices, aura lieu à Rennes, le
2 juillet prochain, pendant laquelle il sera grandement
question de la remise de la Médaille commémorative
de 1870. Les motifs que je vais invoquer et vous
soumettre, Monsieur le Président, sont multiples, ils
vous ferons comprendre ma réserve. Ce sont d'abord
les procédés du régime qui a eu la prétention de cica-
triser les plaies profondes, sinon mortelles, faites à notre
patriotisme par l'impéritie du gouvernement impérial.
Cette incurie pourrait, sans crainte d'erreur, recevoir tous
les qualificatifs ; elle s'est traduite sur les champs de
bataille, malgré l'héroïsme inutile des troupes et de leurs
officiers, par l'incapacité ou la jalousie de certains généraux
et la trahison de Bazaine !

Après cette terrible et désastreuse campagne, les
combattants en rentrant, pour la plupart de captivité, ont
pu voir par les comptes de la guerre, malgré tous les
soins apportés à en cacher la divulgation, que beaucoup

de fournisseurs, occasionnels principalement, s'étaient enrichis de nos malheurs en spéculant et en volant sur l'estomac et l'habillement de nos malheureux soldats ; d'autres en livrant des armes inutilisables. Quelques-uns de ces misérables, les plus petits, furent condamnés à des pénalités infimes ; pour les gros, ils étaient si nombreux et si bien apparentés, Juifs pour la plupart, que le gouvernement par une prudence coupable se crut obligé de clore l'enquête commencée si bruyamment sous le fallacieux prétexte que les révélations de tous ces vols, de toutes ces trahisons pourraient porter atteinte à l'ardent patriotisme dont la masse était encore animé, malgré l'exploitation immonde dont elle était l'objet.

Peu d'années s'étaient à peine écoulées, que l'on pouvait voir ces mêmes gros voleurs ou leurs mandataires, éclabousser les honnêtes gens de leur faste scandaleux et devenir députés ou sénateurs ; pour leur donner un relief qui leur faisait défaut, le gouvernement les orna des insignes de la Légion d'Honneur ; depuis, cette profanation scandaleuse n'a fait que s'accentuer !

Toute cette bande se rua de nouveau sur la France encore éprise de son passé de grandeur et d'honnêteté et vous savez aujourd'hui, Monsieur le Président, ce qu'il en est advenu : elle est livrée plus que jamais au pillage et au déshonneur !

Les vrais patriotes ont assisté avec une rage impuissante à la grâce et à la réhabilitation officielle d'un traître le Juif Dreyfus. Etienne, le ministre civil de la Guerre, l'a ensuite décoré de la Légion d'Honneur ! Au désespoir des patriotes, les grands chefs de l'armée sont restés les bras croisés comme Bourbaki à Saint-Privat, avec ses 40.000 hommes de la Garde, laissant écraser le général Canrobert pour assurer une facile victoire aux Allemands ! (j'y étais et je pleurais de rage) il a permis d'accomplir l'acte criminel contre la Patrie que vous savez!

Je pourrais, Monsieur le Président, vous citer à l'infini des exemples de concussions, de vols perpétrés depuis vingt ans au détriment de notre honneur et de notre sécurité nationale. Je voudrais m'arrêter tant mon écœurement est grand et pourtant je ne puis vous laisser ignorer la lettre ironique et cruelle que j'ai adressée le 19 Avril dernier, à l'agent de change Berteaux, ministre de la Guerre, à propos de la Médaille commémorative de nos défaites et de notre abaissement national, qu'il ambitionnait avec cynisme de décerner aux vaillants combattants de 1870-1871.

A Monsieur Berteaux, Ministre de la Guerre.

MONSIEUR LE MINISTRE,

J'ai lu avec une joie patriotique, les paroles réconfortantes que vous avez prononcées, le 15 Avril à la tribune du Sénat, avec votre haute autorité de Ministre de la

Guerre, en donnant l'assurance que les bons serviteurs de la patrie seraient aussi bien traités que possible.

Depuis ma plus tendre enfance, j'ai été bercé avec les mots sublimes Honneur et Patrie ! qui ont été la devise de toute ma vie, comme vous pourrez vous en convaincre par la lecture des ouvrages que je prends la liberté de vous adresser. Vous verrez, Monsieur le Ministre, qu'en 1870, alors qu'étant déjà fournisseur de l'armée, remplacé au corps en Juin 1870 (*voir Traîtres et Pillards ! page 87*), je me suis engagé au 5e bataillon de chasseurs à pied, le 19 Juillet suivant pour la durée de la guerre. J'ai assisté sous Metz à tous les combats et batailles, nommé caporal après 24 jours de service, sergent le 2 Octobre, ce grade sur ma prière a été donné à mon collègue Labyénie, que je considérais plus méritant que moi, et aussi parce qu'il voulait continuer sa carrière dans l'armée. J'ai été proposé pour la Médaille Militaire, voir même pour la Légion d'Honneur (*voir Traîtres et Pillards! page 107*). J'avais fait mon devoir et n'ambitionnait rien, à l'encontre de tant d'autres qui s'étaient enrichis et qui furent décorés. J'ai voulu rester un modeste patriote, je n'en ai pas été récompensé ; loin de là comme vous pourrez vous en convaincre par la lecture de mes livres. *Toutes les amertumes m'ont été prodiguées et ont été, je puis le dire, les seules satisfactions de ma vie !*

Tout dernièrement encore votre collègue, M. Charles Dumont, Ministre des Travaux Publics, a sanctionné contre moi un acte de sabotage officiel en contradiction formelle avec ses affirmations en faveur des cheminots révoqués.

A la suite d'un terrible accident de chemin de fer, en 1883, j'ai été sur ma demande nommé correspondant de la Cie de l'Ouest ; j'avais droit à 25 ou 30.000 francs d'indemnité, je me suis contenté très aimablement d'une carte de circulation et d'une somme de 1.200 francs pour perte de vêtements et frais de médecin. Au bout de 27 ans, par une basse vengeance politique, alors qu'on ne pouvait rien me reprocher ni comme service, ni pour mes opinions républicaines qui ont toujours été fermes et sincères dans mon ardent patriotisme, *j'ai été remercié brutalement et mon employé mis à ma place*, ce qui constitue comme je le dis plus haut, *une réelle spoliation et un acte de sabotage officiel peu recommandable*. Je ne réclame pas une faveur, mais je protesterai par tous les moyens contre ce que je puis appeler une iniquité. M. Brager de la Villemoysan, Sénateur, devait interpeller mais il ne l'a pas fait.

Si j'appelle votre attention sur mon cas, Monsieur le Ministre, c'est que malgré votre sollicitude pour les hommes de devoir et les bons patriotes, il me sera impossible d'accepter la Médaille des Anciens Combattants de 1870 devant tous les méfaits dont je suis victime depuis de si nombreuses années, tant que mes plaintes pour obtenir justice ! resteront sans effet.

Dans mon livre *Un Crime politique et judiciaire* et *Les Forbans au pouvoir* vous verrez que M. Cruppi, le Ministre des Affaires Etrangères a été marié à une Juive pour servir de domestique à la caste des Traîtres de la tribu des Dreyfus. Ce Cruppi, en 1903, comme avocat, a acheté à une sommité médicale, évidemment pour la forte somme, un certificat de complaisance, pour commettre le plus affreux des crimes avec la complicité du 1er Président Maulion, de la Cour de Rennes (1).

Veuillez agréer, Monsieur le Ministre, l'expression de mes sentiments distingués.

J. MÉNARD.

*
* *

Les crimes sans nombre que vous connaissez, Monsieur le Président, et dont je suis victime comme citoyen et comme père de famille ne me permettent pas de résister au désir de vous narrer un énorme et tout récent scandale qui jettera un nouvel éclat sur les infamies du régime judéo-maçonnique que nous subissons.

Vous avez sans doute lu à propos des vols de farines commis à la manutention militaire de Remiremont, s'élevant à 115 quintaux, que le Tribunal Correctionnel de cette ville avait condamné, le 25 Mai, les nommés Ougier, gérant, à 13 mois de prison et au remboursement de 4.000 francs pour préjudice causé à l'Etat ; Pouilley, boulanger, à 8 mois ; Bernet, cammionneur, à 4 mois de la

(I) Pendant l'année terrible, M. Maulion a trouvé prudent d'aller villégiaturer sur la frontière Espagnole (voir *Marmite parlementaire*, page 40).

même peine et quinze autres inculpés, réceleurs et complices, de 6 jours à 1 mois d'emprisonnement et de 16 à 100 francs d'amende.

Si ces condamnations sont justement méritées, leurs auteurs sont bien excusables à côté des exemples scandaleux que nous donnent tous les jours, les potentats, les plus hauts dignitaires, les princes de ce régime de corruption, en raflant les millions par centaines sans scrupule, puisqu'ils savent jouir de la plus cynique et révoltante impunité, même quand ils trafiquent sur ce qu'il y a de plus sacré, la défense nationale! tout leur est bon, que leur importe de ruiner et de souiller notre beau pays de France pourvu qu'ils satisfassent leur basse et malpropre ambition. De ceux là le plus en vue était certes *l'agent de change, Ministre de la Guerre, M. Maurice Berteaux, qui fut depuis 15 ans le plus célèbre pourrisseur parlementaire.*

C'est assurément par reconnaissance que les Députés et les Sénateurs favorisés lui ont voté des Funérailles Nationales et aussi pour égarer l'opinion publique sur la fragilité de son patriotisme et de son amour pour l'armée. C'est à n'en pas douter ce même sentiment qui a guidé le Président Fallières dans les choix de la combinaison Monis et aussi parce qu'il fallait *que M. Maurice Berteaux devint Ministre de la Guerre,* pour que, par sa signature, il ratifiât les vols commis sur l'opération des lits militaires dont il profitait. Ces vols prémédités et voulus ont servi à gaver la troupe parlementaire. Comme Ministre de la Guerre, l'honneur de l'armée, sa sécurité se résumaient, pour ce vampire inassouvi et assoiffé d'orgueil, dans la raffle des millions que lui procurait les fournitures militaires. Sa mort, heureuse fatalité, va nous préserver, je l'espère, de bien des gabegies notamment à propos du nouvel habillement « Caca d'oie » qui sans aucune nécessité pour l'armée, autre que de la rendre ridicule, eût englouti *un milliard* escroqué uniquement aux malheureux petits contribuables, mais eût comblé de joie les fournisseurs et les nombreux voleurs gouvernementaux. Pour les lits militaires, je puis affirmer que pour cette opération célèbre et fructueuse dûe à la complicité du Conseil d'Etat et que l'on appellera désormais « le coup des lits militaires » M. Berteaux, Ministre de la Guerre, a touché dans *ce vol national*, le 20 Mai, une somme énorme évaluée à plus de 15 millions. On peut donc dire que le lendemain, il a été couché dans un lit militaire qui ne lui avait pas coûté cher. Il a été fauché tel un escarpe, on dira justice immanente, fatalité, hasard, il n'en est pas moins vrai qu'il échappe à la justice de son pays qui auraient dû le clouer au pilori ! comme un concussionnaire ; Teste et Cubierre n'en avaient pas fait autant !

Vous voyez Monsieur le Président, les rigueurs de la justice sont réservées uniquement aux petits, aux faibles, aux humbles gens. La pourriture est tellement complète dans les sphères officielles, que les funérailles de ce ministre ont été célébrées avec toutes les pompes, aux frais des contribuables, comme un deuil national. Sa famille, à qui profitera une partie des rapines de ce fantoche archi-millionnaire autant que malfaisant, pourra payer le bronze qui servira à le faire passer à la postérité comme le plus intègre et le plus patriote des ministre de la guerre !

Tout dernièrement encore, sous l'inspiration de M. Malapert, conseiller municipal et avocat des empoisonneurs de rivières et avec l'autorisation de M. Janvier, le délégué Maire de Rennes, on jouait sur la scène municipale *Biribi* puis *La grève rouge*, deux pièces antimilitaristés. A cette occasion, pour préserver l'armée d'un tel contact, M. le Général Lyautey, dans un ordre du jour vibrant de patriotisme, avait interdit aux soldats l'entrée du théâtre, pour proclamer son indéfectible amour pour l'Armée et la Patrie!

Quelle est donc la mentalité du Maire de Rennes? Capitaine de l'armée territoriale, il laisse jouer *Biribi*, et le lendemain de cette représentation où l'on baffouc l'Armée et ses chefs, il a l'impudence d'assister au banquet des combattants de 1870, où, en présence des Généraux Lyautey et Leblond, de MM. les Sénateurs Pinault, Jenouvrier et Brager, les indispensables habitués de toutes les cérémonies, il prononce son propre panégyrique et proclame ses vertus guerrières et son patriotisme.. Aujourd'hui il présidera la grande fête patriotique. Ces incohérences Monsieur le Président, ne peuvent se comprendre, ni être admises par les vrais patriotes, et je regrette de n'avoir trouvé nulle part à ce sujet, de vous, Monsieur le Président, un mot de protestation. Du reste, le Général Goiran alors qu'il était ministre de la guerre — il est vrai qu'il est français de fraiche date et qu'il a un frère Général dans l'armée italienne — a osé déclarer le 19 Juin dernier, au Sénat, à propos du haut commandement de l'Armée en temps de guerre, qu'il n'y aurait pas de Généralissime, que ce serait Fallières qui dirigerait les opérations et le gouvernement tout entier, présidé par *le marchand d'alcool* **Monis**, qui déciderait du plan de campagne. Comme le disaient les journaux du matin : Il s'est trouvé au Sénat un Général pour assumer la responsabilité et couvrir de son autorité une armée sans chef, d'un corps sans tête, c'est avec ces folies criminelles et ces misérables sottises que l'on prépare la défense de la France et qu'on reconstitue son armée. Il faut vraiment que ce pays ait perdu tout sentiment de sa sécurité, pour tolérer qu'on le livre ainsi systématiquement à ceux qui désorganisent ses forces et le conduisent aux pires catastrophes et aux irrémédiables défaites ! Ou ce Goiran est une vieille ganache, un Ramollot que la franc-maçonnerie a délégué au ministère pour déconsidérer l'Armée, et dans ce cas il est urgent pour lui et pour nous, qu'il quitte le ministère pour soigner son gâtisme ; où il dit la vérité, et il apparaît à tous les yeux, que la France est aux mains de criminels sur lesquels pèse dès maintenant l'accusation de lèse-patrie. Traîtres ou idiots, tel est le dilemne. Dans les deux cas, il est impossible que des ministres comme ce Goiran continuent d'assumer la responsabilité de la défense nationale.

La sanction ne s'est pas fait attendre, ce fantoche, professeur d'anarchie patriotique, a été balayé sous les huées de la Chambre ainsi que toute la troupe à Monis, dans la séance du 23 Juin dernier. Le replâtrage Caillaux avec *Cruppi, Ministre de la Justice,* et les autres ne peuvent gouverner pour la France, ils sont uniquement les mandataires intéressés des trafiquants qui l'exploitent, la ruinent et la déshonorent !

M. Saint, Préfet d'Ille-et-Vilaine, s'il assiste à votre banquet, représentera le Gouvernement, tiendra à vous raconter toutes les beautés du régime, il vous dira également les procédés qu'il emploie pour protéger les empoisonneurs de rivières, son ingérance dans les affaires de la justice, la tâche est aisée auprès de son ami le premier Président Maulion, pour en fausser le bon fonctionnement. Il fera aussi une description complète du ministère des Colonies et du groupe Colonial, sous la direction d'un certain M. Trouillot ministre de ce département, notamment dans l'affaire scandaleuse de la N' Goko-Sangha (*voir le débat à la Chambre, séance du 5 Avril 1911, dans laquelle le Ministre Trouillot a été flétri*). M. le Préfet pourra terminer avec accompagnement de la musique, par l'*Invocation à la Vierge,* toujours du même Trouillot.

Par le présent et aussi par le passé, la fête patriotique que vous allez présider se présente véritablement sous de fâcheuses, sous de sombres auspices. Quoique vous fassiez pour en rehausser l'éclat, entouré de cette cohorte de vaillants qui surent sans compter défendre leur Patrie en 1870. Par une analogie terrifiante, vous n'empêcherez pas les citoyens conscients, quoique *quarante et un ans se soient écoulés*, de se souvenir des déclarations solennelles du Maréchal Lebœuf avec ses fameux boutons de guêtres et surtout du traître Bazaine !

Voilà Monsieur le Président, quelques-uns des motifs qui ne me permettent pas de faire partie de votre société et de consentir à porter une Médaille qui me rappelle de si cruels et de si funestes souvenirs.

Bon appétit Messieurs !

Veuillez agréer, Monsieur le Président, l'expression de mes sentiments distingués.

J. MÉNARD

N. B. — 1° Il serait intéressant avec les noms des anciens combattants de 1870 et pour leur rendre un suprême hommage, de publier aussi leurs états de service.

2° Les citoyens qui ont atteint ou dépassé l'âge de 62 ans, et qui ne figurent pas sur la liste des braves, applaudiront à cette mesure. A ces derniers, à défaut d'états de service on pourrait les prier de fournir l'emploi de leur temps, ce qui en tiendrait lieu, pendant la durée de l'année terrible !

3° La Médaille du Souvenir de nos désastres de 1870 sera délivrée au prix de 6 fr. 50, elle coûte bien 40 sous, c'est encore un impôt rénumérateur plus admissible que celui des retraites ouvrières parceque pour la Médaille, les trafiquants au pouvoir spéculent sur la vanité guerrière toujours facile à émouvoir, tandis que pour les retraites ouvrières c'est la carte forcée, une véritable escroquerie pour alimenter les caisses toujours vides de l'Etat !

Aurillac, Imp. Moderne